Lb 748.

# GRAND DÉSESPOIR

# DES CENSEURS

A L'OCCASION

## DE LA MORT DE LA CENSURE

et de la

## DISSOLUTION DE LA CHAMBRE

DES DÉPUTÉS.

## Mélodrame Pot-Pourri,

EN DEUX JOURNÉES.

Par E. Debraux et E. Lepage.

À PARIS,

CHEZ LES MARCHANDS DE NOUVEAUTÉS.

1827.

IMPRIMERIE DE GUIRAUDET,
RUE SAINT-HONORÉ, N. 315.

# DEUX MOTS

## DE PRÉLIMINAIRES.

———

Par des moyens inconnus aux lecteurs, et qui nous sont particuliers, nous avons l'oreille tellement fine que les sons les plus doux semblent percer les murailles pour arriver jusqu'à nous ; cependant,

telle attention que nous puissions
prêter aux discours qui nous inté-
ressent tant soit peu, il est quel-
quefois des personnages dont les
discours sont si bas, si bas, si
bas, qu'il est vraiment très diffi-
cultueux de n'en pas laisser échap-
per une syllable; et voilà justement
pour quoi, tout en croyant à la
véracité du récit que nous faisons
aujourd'hui a nos compatriotes,
nous ne garantirons pas la parfaite
authenticité de toutes les paroles
qui y sont insérées. C'est à la saga-
cité de nos lecteurs à démêler ce
qui peur être vrai de ce qui ne l'est
pas; nous avouons franchement que
ce qui se passe depuis quelque temps
nous a paru si extraordinaire, qu'il
nous paraît impossible, à l'époque
où nous vivons, de distinguer avec
certitude les sottises qui existent
déjà de celles qui ne sont encore

que projetées , et qui ne tarderont pas à naître. Fasse qui pourra cette distinction ; quant à nous, en eussions-nous le talent, nous déclarons franchement que nous n'en avons pas le courage , et nous laissons à d'autres le soin de fouiller dans des archives qui nous paraissent aussi obscures que déplaisantes pour tous les cœurs véritablement français.

# POT-POURRI.

## PROLOGUE.

C'était le lendemain de la Saint-Charles ; car c'est toujours les lendemains de fête que nos messieurs de la haute volée choisissent pour nous faire des petites farces. Trois individus, dont l'un avait un bouquin à la main et les besicles sur le bout du nez; l'autre tirait au mur à coups de fleurets, et le troisième soupesait un portefeuille mignon comme l'éléphan de la Bastille ; trois individus dis-je, dont vous devinerez facilement les noms, discutaient ensemble sur les affaires d'état, à la clarté d'une obscurité blafarde qui leur convenait beaucoup, attendu que les susdits messieurs ont toujours eu l'antipathie la mieux prononcée pour les lumières.

Prêtons l'oreille un instant à leur conversation, et sachons un peu de quoi ils s'occupent.

# ACTE PREMIER.

MM. V....., P..... et C......

—

M. V...

Air *du magistrat irréprochable.*

Quelques esprits atrabilaires
Voudraient en vain se mettre en rut.
Malgré les clameurs populaires,
Nous marchons droit à notre but (*bis*).
A seconder la suprême puissance,
Oui, tôt ou tard nous parviendrons,
Le Prince veut le bonheur de la France.
Nous, c'est son bien que nous voulons.

Ma foi, vous avez joliment raison, notre bourgeois, dit ici le petit courtaud, qui, les lunettes perchées sur le bout du nez comme un perroquet sur un mât de misaine, s'amusait à feuilleter un volume rongé par les vers ; vous avez ma foi, joliment raison…!

M. K…

—

Air *de la petite bergère.*

Tous ces grands hommes que naguères
Sur le monde on vit dominer
N'étaient que de bien pauvres hères
Dans le grand art de gouverner.
Il leur fallait un glaive, une balance,
Et de l'or et des arsenaux,
Tandis que nous, pour conduire la France,
Il ne nous faut que des ciseaux.

—

Oui, mes braves et dignes amis, s'écrie alors l'autre monsieur long et sec qui, le fleuret en main, s'amusait à tirer au mur, et mettait plus souvent à côté que dans le noir. C'est en vain que les esprits grognons veulent en médire : jamais la France n'a joui d'un bonheur aussi pur que depuis que nous tenons à ferme les rênes de l'état. Car, maugrebleu, en dépit du qu'en dira-t-on, tout le monde s'écriera :

M. P...

——

Air : *Il est sauvé* ( de la Laitière de Mont-fermeil ).

Qu'il est heureux ( *bis* ),
Ce peuple bonasse de France,
De nous trouver si généreux !
Pour calmer sa reconnaissance,
Un bâillon le force au silence.
Qu'il est heureux ( *bis* )!

12

## M. V...

Qu'il est heureux !
Près d'un monarque juste et sage
Porte-t-il un cœur douloureux,
Ce plaintif et sincère hommage,
Crac, nous l'arrétons au passage.
Qu'il est heureux !

## M. C....

Qu'il est heureux
Sous notre puissance divine !
Un doux repos comble ses vœux.
Les travaux tombent en ruine
Et l'on renchérit la farine.
Qu'il est heureux !

## M. V...

Qu'il est heureux !
Nous l'avons, sous notre férule,
Rendu faible, sot et peureux.
Des beaux-arts le progrès recule,
Et la monacaille pullule.
Qu'il est heureux !

Oh çà, c'est bien vrai, reprend l'homme
au fleuret; et malgré les méchants quolibets
de tous ces barbouilleurs de papier que j'avais si bien envie de mettre à la raison.....

M. P...

—

AIR : *Sous l'heureux ciel de l'antique
Ausonie.*

Mes bons amis, et soit dit sans vergogne,
De ce train-là si long-temps nous allons,
Nous allons faire envier la Gascogne,
Nous allons faire adorer les Gascons.
Le peuple heureux, grâce à notre tendresse,
Espère encore un bienfait en ce jour :
Vite lâchons, pour doubler son ivresse,
Quelque autre loi de justice et d'amour.

—

Car enfin, autre temps, autres mœurs.
Nous vieillissons, mes chers collègues, et
l'âge de raison doit bientôt arriver, ou, ma
foi, je ne sais plus quand il viendra. Toutefois, en l'attendant :

## Air d'*Aristippe*.

J'ai pour les grands abandonné l'amour;
Zelmire en vain étalerait ses charmes.
Dans le métier de jeune troubadour,
  Parfois on répand trop de larmes,
Zelmire, hélas! par qui je fus heureux,
N'est plus pour moi qu'une beauté flétrie;
Aujourd'hui mes pensers, mes vœux,
Se sont portés sur ma patrie.

———

Et moi, donc reprend ici l'homme aux
lunettes et aux bouquins, et moi donc, moi,
moderne Saint-George, valeureux grenadier de Zelmire!

### M. C...

———

## Air dans *la paix et l'innocence.*

J'ai dans mes bibliothèques,
Plaute, Horace, Juvénal.
Ils attendent leurs obsèques,
Avec Voltaire et Pascal.
Toi, si ta main dans un livre
Consignait tes grands projets,
Tu serais certain de vivre,
En dépit de maints souhaits.

Tout cela est charmant, joli, admirable même, reprend d'une voix caverneuse l'immortel Trois-pour-cent; mais le plaisir de nous rendre à nous-mêmes la justice qu'un peuple ingrat nous refuse nous fait perdre de vue le but principal de cette nocturne assemblée le soupçonnez-vous....?

Ma foi non, répond le bouquiniste, en retirant un moment ses lunettes qui lui pinçaient par trop fort le nez; ma foi non..., à moins cependant qu'il ne s'agisse de quelques projets de loi en faveur des bons reclus de Montrouge, dans lequel cas; je vous soumettrais le petit protocole suivans:

M. C...

—

AIR DES *Chevilles de M<sup>e</sup> Adam.*

Le grand Fortis, à force de prières,
S'est emparé du vieux moustier d'Issy;
Va facultés, ces foyers de lumières,
Peut-être un jour lui conviendront aussi.
Mais pour soigner nos héros de la broche,
Il nous faudrait quelques fonds suppléans:
Allons, amis, du courage à la poche;
Donnez, donnez pour les bons fainéants.

—

L'enfant dit vrai, reprend le plus vilain des trois messieurs; mais venons-en au motif direct de cette réunion, qu'aucun de vous n'a soupçonné. Mes braves et dignes amis, c'était hier la Saint-Charles, le peuple a donné son bouquet au Roi : à notre tour à donner notre bouquet au peuple... et les autres de s'écrier :

Air : *Mon Galoubet,*

Vive le Roi! ( *bis.* )
C'est le cri dont tout bon ministre,
Doit se faire une douce loi.
Que jamais sur notre registre
Il ne jette un coup-d'œil sinistre.
Vive le le Roi! ( *bis.* )

—

Vive le Roi, ( *bis.* )
Profitons de sa confiance,
Pour l'abuser sur notre foi.
Que jamais jusqu'à la puissance
N'arrive un soupir de la France.
Vive le Roi ! ( *bis.* )

—

Il ne s'agit plus, ajoute le monsieur à la triste figure, que de savoir de quoi nous allons faire cadeau au peuple pour la fête de son Roi....

De quoi, dit le bon grenadier, parbleu, parbleu, nous n'avons que l'embarras du choix. D'abord....

M. P...

AIR DE *Manon Giroux.*

Pour éviter la harangue
De maint querelleur,
Il nous faut couper la langue
A tout raisonneur;
Et quand nous voudrons écrire
D'autres trois pour cent,
A coup sûr nous pourrons dire :
Qui n'dit mot consent.

—

C'est ça, dit l'individu aux bouquin; le camarade est dans les bons principes, et moi j'aime ça. Pas de trêve avec des gens qui se permettent de nous rire au nez.

M. C...

AIR

Frappons le peuple qui nous berne,
Cachons ses fers sous de nouveaux haillons,
Arrachons-lui l'arme qu'il nous décerne,
Et qu'elle serve à former des bâillons.
Dans nos projets, qu'ils appellent sinistres,
Roidissons-nous contre les factieux.
Si la vengeance est le plaisir des dieux,
Elle est aussi celui des *bons ministres.*

Eh ! eh !... dit l'autre alors... le cher collègue n'est ma foi pas si bête que je le croyais ; il commence à entendre le maniement de des petites affaires-là... Va ponc comme il est dit...

### Air *de la petite gouvernante.*

Aux fiers rivaux et de Rome et de Sparte
Rendons bâillons, haillons et préciput ;
Forçons un peu le texte de la charte,
C'est le moyen d'attraper notre but.
Pour étouffer une plainte importune,
Qui tôt ou tard causerait nos revers ,
Des députés dissolvons la tribune,
Et fourrons-les à la Chambre des Pairs.

———

Les bons députés, s'entend : car les mauvais, ça fait bernique, n'y a rien à faire pour eux.

Ça y est, s'écrient en chœur ces dignes acçolytes. Ça y est... Le confrère, a tapé ça dans le bon style.

Et alors rpreond en dernier lieu le Trois-pour-cent :

### TRIO,

## AIR du *Troubadour à la croisade*

#### M. V...

Pour nous gorger de gloire et de gros sous,
Le front levé, bravant les anicroches,
Aux quolibets qu'on lancerait sur nous
Ne répondons qu'en emplissant nos poches,
Et répétons, en dépit des faquins:
Vive l'argent, la brette et les bouquins! } *bis*

#### M. C...

Nos grands auteurs ont fait bien du flafla :
Formons contre eux, formons une croière,
Sur leurs écrits, pour en ternir l'éclat,
Des Elzévirs étalons la poussière,
Et répétons, en dépit des faquins :
Vive l'argent, la brette et les bouquins

#### M. P...

Ainsi soit-il; mais si des mécontents,
Nous décochaient de piquantes injures,
Sans balancer, amis, en quatre temps,
Fleuret en main, étouffons les murmures;
Et répétons, en dépit des faquins :
Vive l'argent, la brette et les bouquins!

**FIN DU PREMIER ACTE.**

# DEUXIÈME ACTE.

Le même salon ; les mêmes |person-
nages et les censeurs entrant pré-
cipitamment, les larmes aux yeux
et le mouchoir à la main.


## CHOEUR DES CENSEURS.

Air : *Quel désespoir !*

Quel désespoir !
On a démoli la censure,
Quel désespoir !
Le prince nous a dit bonsoir.

—

Mais le Français, j'en jure,
Va dans tous ses journaux
Regretter la coupure
De nos larges ciseaux.

Quel désespoir !
On a démoli le censure,
Quel désespoir!
Le prince nous a dit bonsoir.

Une prochaine aurore ,
Grâce au peuple imprudent ,
Nous couperons encore,
— Oui, mais en attendant...

Quel désespoir !
On a démoli la censure.
Quel désespoir !
Le prince nous a dit bon soir.

Allons donc, interrompt tout à coup le
Ministre en fureur : songez donc que ce n'est
qu'une mesure de prévoyance de notre part,
et si la force de la circonstance actuelle nous
contraint à supprimer la censure...

Air : *A soixante ans.*

Oui, j'en conviens, l'honneur de la censure
Est compromis par ce nouveau décret ;
Mais cet affront sera, je vous le jure,
Un peu plus tard porté sur le budget.
Afin qu'un jour la France tributaire
Ne prenne goût à trop de liberté,
Nous engorgeons la chambre héréditaire,
Et réformons celle des députés.

Et par suite de cette heureuse mesure, rien ne s'oppose plus à ce que nous voulons exécuter, pour la gloire de la patrie.

—

## Air de *l'Avare.*

Formons une sainte alliance
De ventrus, au lieu de guerriers,
Que les seuls jambons de Mayence
Portent maintenant des lauriers.
Afin de saper en cachette
La gloire d'un autre Annibal,
Que l bâton de maréchal
S'incline devant la fourchette.

C'est très bien, riposte un Censeur, d'un ton lugubre; c'est charmant, admirable. Mais tout cela n'empêche que nos chers ciseaux nous sont tombés des mains.... A ce mot de ciseaux tous les censeurs de s'écrier, d'un ton plaintif...

—

# ADIEUX A MES CISEAUX

## MESSENNIENS

IMPROVISÉES PAR DES CENSEURS GASCONS.

AIR DE *la treille de sincérité.*

### CHŒUR :

C'en est fait, la rouillé
Bous souillé
Bous devenez lâches et lourds
Adiù, vous ciseaux, nos amours. (*bis.*)

### 1ᵉʳ CENSEUR.

O bous, dont l'humûr martiale,
Sécondant le tranchant vainqûr,
Sur touté fueille libérale
Rougna toujours ùé si bon cûr.
Une ordonnance fulminanto
Bien dompter votre essort subtilo.
Moi j'ai la main tonjours rougnanto,
Mais bous, bous n'avez pas le fil.

C'en est fait, etc.

## 2° CENSEUR.

Bainement un fier journaliste,
Grognon, maussade et raisonnûr,
Aurait boulu suivre à la piste
La bêtise dû monseignûr.
Votre vaillancé coupatoire
A l'instant sé développait
Lé grand seignûr gardait sa gloire,
Et la bêtise bons restait.

Mais hélas, etc.


## 3° CENSEUR.

Si d'autrefois cé journalisté,
Sé faufilant dans nos galas,
Au public faisait boir la liste
De tous lés mets dé nos repas,
Dé pûr que la rimé Tartuffe
Né ménât aux séditions
Crac, bous lui rétranchiez les truffes,
Et c'est nous qui les abalions...

Mais hélas, etc.

## 4° CENSEUR.

Si quelqué mâlin géographe,
Boulant revolter tout à coup,
Osait dire qué la Girasse
Naquit sujeté de Mahmoud,
Aussi terrible qué la bague,
Quand elle engloutit un baisseau
En quatre coups dé zigue zague
Bous preniez l'article d'assaut.

Mais hélas, etc.


## 5°. CENSEUR,

C'est en bain qué l'intolérancé
Prétendit flétrir botre honnur,
Grâce à bous, les papiers dé Francé
N'étaient farcis qué dé bonhûr,
Et bous abiez l'ame si fière
Qué bous eussiez, d'un coup nourri,
Rougné plutôt la France entière
Qué dé lui permettre un sul cri.

Mais hélas, etc.

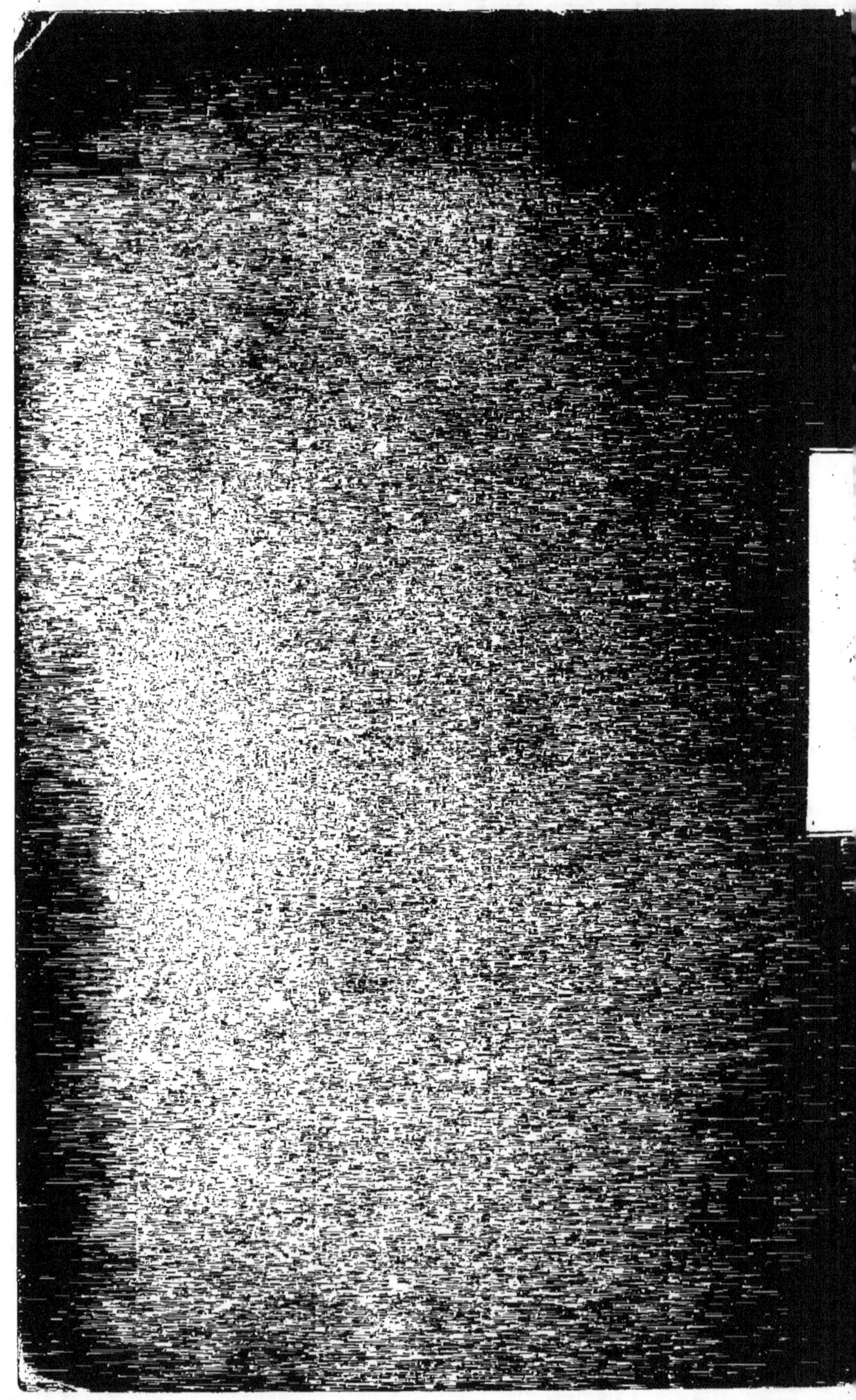

www.ingramcontent.com/pod-product-compliance
Lightning Source LLC
Chambersburg PA
CBHW051358060726

47596CB00005B/1980